DE LA VITALITÉ

DE

LA RACE JUIVE EN EUROPE

PAR

A. LEGOYT

SECRÉTAIRE PERPÉTUEL DE LA SOCIÉTÉ DE STATISTIQUE DE PARIS

EXTRAIT DU JOURNAL DE LA SOCIÉTÉ N° DE JUILLET ET AOUT 1865

VEUVE BERGER-LEVRAULT ET FILS, LIBRAIRES-ÉDITEURS

PARIS   STRASBOURG
RUE DES SAINTS-PÈRES, 8.   RUE DES JUIFS, 26.

1865.

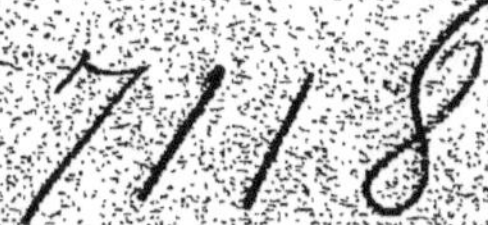

DE LA VITALITÉ

DE

LA RACE JUIVE EN EUROPE

PAR

A. LEGOYT

SECRÉTAIRE PERPÉTUEL DE LA SOCIÉTÉ DE STATISTIQUE DE PARIS

EXTRAIT DU JOURNAL DE LA SOCIÉTÉ, Nᵒˢ DE JUILLET ET AOUT 1865

VEUVE BERGER-LEVRAULT ET FILS, LIBRAIRES-ÉDITEURS

PARIS | STRASBOURG
RUE DES SAINTS-PÈRES, 8. | RUE DES JUIFS, 26.

1865.

DE LA VITALITÉ

DE

LA RACE JUIVE EN EUROPE.

L'histoire des juifs est, sous plus d'un rapport, un des grands épisodes de l'histoire de la civilisation moderne. Leur lutte obstinée et définitivement victorieuse
contre d'implacables persécutions, motivées à la fois par les haines religieuses et
le désir de s'approprier leurs immenses richesses mobilières; — leur force d'expan-
sion, d'*irradiation*, qui les a fait émigrer dans toutes les parties du monde connu;
— la concentration entre leurs mains, dès les temps les plus reculés, d'une grande
partie du commerce international, par le triple fait, d'abord d'une admirable aptitude spéciale, puis de saines notions sur la puissance du crédit, alors que la thé-
saurisation, l'enfouissement improductif constituait le seul moyen d'épargne, enfin
de leur exclusion, par la loi du pays qui consentait à les recevoir, de toutes les
autres branches de l'activité humaine; — le maintien intact de leur foi religieuse
contre d'incessantes tentatives de prosélytisme, trop souvent armées du bras sécu-
lier; — le maintien non moins persévérant, sur la terre de l'exil, des mœurs, des
usages, des traditions de la patrie primitive; — leur refus persistant de se mêler
aux races qui les entourent; — enfin une certaine *vitalité* énergique, supérieure à
celle de ces races et que les recherches anthropologiques modernes attribuent à
une sorte de force congénitale, qui leur assurerait notamment le privilége de l'ac-
climatement sur tous les points du globe. — Tels sont les traits principaux sous
lesquels se révèle à l'observateur, au philosophe, à l'historien, ce peuple étrange,
vivace, véritablement armé pour la lutte et organisé pour le succès, qui rêve
sans relâche, malgré d'interminables épreuves, de mystérieuses et hautes destinées,
qui justifieraient enfin sa prétention d'avoir été et d'être encore le *peuple de Dieu*.

Nous ne voulons étudier ici qu'un seul des problèmes que soulève son continuel
accroissement dans les temps modernes et particulièrement en Europe, problème
modeste en apparence et qui, cependant, est un des plus intéressants que puissent
offrir les études ethniques; c'est précisément cette vitalité, cette force congénitale,
ce *vis durans* qui lui assure, dans tous les phénomènes de biologie, des avantages
manifestes sur les populations autochthones, probablement en les préservant des
influences dangereuses qui se rattachent au climat, au sol, aux conditions hygiéniques et morales des pays où il vit.

I. DU COSMOPOLITISME DE LA RACE JUIVE.

La dispersion des juifs est considérée dans le monde chrétien comme un effet de la réprobation divine, réprobation motivée par leur refus de reconnaître le Messie dans le Christ. Le peu de fondement de cette croyance légendaire est surabondamment démontré par un fait incontestable, c'est que leurs émigrations sont antérieures à la naissance du Christ. Longtemps, en effet, avant la chute de Jérusalem, on peut dire qu'ils étaient répandus dans le monde entier. On les trouvait notamment en nombre considérable dans la Médie, chez les Parthes et dans toute la partie de l'Asie alors connue. Beaucoup vivaient à Ninive, d'où ils furent ramenés par Esdras, au temps de Cyrus. Alexandre le Grand établit une colonie juive à Alexandrie. Les juifs grecs se multiplièrent si rapidement dans cette partie du monde, qu'Osias dut faire construire un temple à Héliopolis sur le modèle de celui de Jérusalem. Toutefois Jérusalem était toujours, pour les juifs, dans quelque partie du monde qu'ils fussent établis, la patrie absente, vers laquelle se reportaient sans cesse leurs pensées, leurs vœux, leurs plus ardentes aspirations.

Leur influence politique et morale s'était assez développée dans le monde romain, pour qu'ils fussent l'objet d'une surveillance particulière du gouvernement. Leur nombre était d'ailleurs considérable en Judée, où on les évaluait à 5 ou 6 millions. Aussi n'y a-t-il pas lieu de s'étonner que Jérusalem ait soutenu une lutte si prolongée contre les Romains, et que notamment les armées juives aient perdu, d'après les historiens du temps, 1,500,000 hommes dans la guerre contre Titus.

Au moyen âge, les juifs, obéissant toujours à ce besoin de dissémination, d'ubiquité qui semble être la loi de leur race, et qu'une légende populaire a immortalisé, se répandent dans le nord et le midi de l'Europe.

Accueillis favorablement en Pologne, ils y fondent leurs plus importantes colonies. L'Espagne, surtout pendant la domination des Maures, et le Portugal leur offrent également un asile longtemps respecté et dont ils s'empressent de profiter.

C'est surtout du XVe au XVIe siècle que le vent de la persécution se déchaîne sur eux et que commence, entre les victimes et les bourreaux, une lutte qui est un des spectacles les plus navrants que nous offre l'histoire et une des plus tristes manifestations de cette folie homicide à laquelle conduit inévitablement l'intolérance religieuse. Des populations paisibles, laborieuses, vouées aux travaux féconds du commerce dans son sens le plus étendu, ou à l'exercice des professions les plus libérales, qui enrichissaient ou honoraient le pays d'adoption, sont chassées, dépouillées ou égorgées, le plus grand nombre parce qu'elles n'ont pas voulu renier la foi de leurs pères, d'autres, parce qu'elles ont voulu défendre, contre la rapacité des gouvernements, le fruit de leur travail et de leurs économies.

Quoique frappés et poursuivis à peu près sur toute la surface de l'Europe, mais particulièrement en Espagne et en Portugal, les juifs résistent et parviennent à lasser la persécution. Sans doute, les supplices, la misère, le désespoir les ont décimés, mais ils n'ont pas disparu, et dès que l'horizon s'éclaircit un peu pour eux, en vertu de cette vitalité persistante que nous avons signalée, de cette puissance de reproduction que nous mettrons en lumière, ils reviennent prendre la place, toujours considérable, qui leur est réservée dans les travaux de l'activité humaine.

Les renseignements qui suivent et que nous avons puisés aux sources les plus sûres, nous ont permis d'établir, officiellement pour la plus grande partie de l'Europe, approximativement pour les autres parties du monde, ce que nous appellerons la répartition géographique des juifs.

ASIE. — Nous ouvrons cette monographie par le pays qui fut leur berceau, la Palestine. D'après une communication d'un membre de la Société des missions écossaises, M. Kheyne, on ne compterait aujourd'hui que 15,000 juifs au plus dans l'ancienne Judée, et presque tous se trouveraient dans les quatre villes saintes, Jérusalem, Tiberia, Hébron et Safet. Un petit nombre vit, en outre, dans les villes riveraines de la mer, Jaffa, Haïfa, Acre, Tyr et Sidon. Les juifs de la Palestine, d'après le même auteur, subsisteraient à peu près exclusivement du produit de quêtes faites annuellement parmi leurs coreligionnaires plus heureux des autres pays. — Quelques voyageurs évaluent à 80,000 le nombre de ceux qui vivraient dans les autres possessions turques ou placées sous la suzeraineté turque en Asie (île de Chypre, Arménie et Kurdistan, Arabie et Syrie). Mais ce chiffre est très-probablement de beaucoup inférieur à la vérité, puisque, d'après le missionnaire anglais Stern, qui visita l'Yemen en 1856, on en aurait compté 200,000 dans cette partie de l'Arabie. D'un autre côté, si l'on songe que Canaa, capitale d'un petit royaume du même nom, de 3 millions d'âmes environ, dans l'Yemen, compte, d'après les meilleures autorités, 18,000 juifs sur 40,000 habitants, on est plus près de la vérité en évaluant la population juive de cette partie de l'Asie à un demi-million.

On ne connaît pas le nombre des juifs établis dans les Indes orientales; mais leur présence y a été fréquemment constatée par les voyageurs et les missionnaires protestants. La société anglaise pour la *conversion des Juifs* a publié des notices pleines d'intérêt sur certaines communautés juives établies, depuis des siècles, dans l'intérieur du pays.

D'après le *Moniteur* du 21 janvier 1865, qui emprunte ce document au journal indien *The Times of India*, les juifs figuraient pour 2,872 dans un dénombrement récent de la ville de Bombay.

M. Tait, dans un mémoire sur la mortalité des *Eurasiens* (descendants des Européens mariés à des femmes indigènes), lu récemment à la Société de statistique de Londres, place les juifs en tête des peuples qui ont colonisé l'Inde les premiers. (Journal de la Société, n° de septembre 1864.)

On manque de renseignement précis sur leur présence en Chine, bien que, cette année même, un savant sinologue anglais ait entrepris de démontrer qu'il existe, dans l'empire chinois, une province tout entière habitée par les juifs depuis une haute antiquité.

AFRIQUE. — Tout le monde sait qu'ils habitent en nombre considérable la région qui s'étend depuis la côte occidentale du Maroc jusqu'au delà de l'Égypte dans la direction de l'est, et surtout en Abyssinie. Ils ne résident pas seulement dans les grandes villes qui bordent la Méditerranée, mais encore dans les localités importantes de l'intérieur; on les rencontre même sur l'Atlas, mêlés aux Berbères (habitants primitifs du pays, refoulés dans les montagnes par les Arabes). On évalue à 340,000 les juifs du Maroc, dont 15,000 à Maroc, 12,000 à Fez, autant à Mequinez (un des principaux foyers du Talmudisme), 2,000 à Tanger, 4,200 à Tétuan, 5,000 à Mogador, 7,000 à Robat, 3,000 à Saffi, 1,200 à Azamor, autant à El-Araïsch, 1,000 à Mazagan, etc.

Les derniers recensements portent à 80,000, en chiffres ronds, le nombre des juifs en Algérie.

Tripoli en compte 160,000; l'Égypte, 7,000, non compris les membres d'une communauté de 600 familles établie sur la petite île de Gerbot, à la côte tunisienne, dans le golfe de Cabès.

Des juifs disséminés dans le sud de l'Afrique, au delà de l'Atlas et des monts Abyssiniens, on ne sait quelque chose qu'en ce qui concerne ceux de Tombouctou et d'Abyssinie, et encore est-il probable que les juifs de ce dernier pays ne sont, pour la plupart, que des Éthiopiens judaïsants.

Océanie. — Les recensements les plus récents des colonies australiennes indiquent que la race juive n'est pas restée étrangère au mouvement d'immigration qui les enrichit sans relâche.

Amérique. — On n'a que des données incertaines sur l'importance de la colonie juive dans l'Amérique du Nord. Un écrivain du *North american Review* (avril 1845) estime à 35,000 les israélites établis aux États-Unis et à 40,000 ceux qui habitent le reste de l'Amérique du Nord. D'après le recensement de 1850, sur 38,061 édifices religieux, ils ne possédaient que 30 synagogues pouvant suffire aux besoins d'une population de 15,175 personnes, dont 5,000 dans l'État de New-York ; 3,175 dans la Pensylvanie; 2,400 dans la Caroline du Sud; 1,300 dans l'Ohio; 600 dans la Virginie, la Louisiane et le Kentucky; 400 dans le Missouri, etc. Mais cette approximation passe pour être de beaucoup inférieure à la vérité.

On sait qu'en 1639, David Nassi, juif du rite portugais, reçut de la compagnie orientale hollandaise, la permission de fonder à Cayenne une colonie où régnerait une entière liberté civile et religieuse. À la conquête de cette possession par les Français, sous Louis XIV, le roi fit chasser la colonie, qui alla s'établir à Surinam où elle existe encore.

Les juifs sont nombreux à la Jamaïque et y jouissent, comme dans les Antilles hollandaises, des mêmes droits civils et politiques que les chrétiens.

Europe. — Depuis quelques années les dénombrements périodiques de la population des principaux États de l'Europe font connaître les divers cultes qu'elle professe. Nous savons donc très-exactement l'importance numérique des juifs dans cette partie du monde. Voici des renseignements précis sur ce point (par ordre alphabétique de pays) :

Allemagne. — Dans le duché de Bade on comptait, sur 1,000 habitants, 16 israélites en 1821 et 17.6 en 1861. — En Bavière, sur 1,000 habitants, 15 étaient israélites en 1818, et 13 seulement en 1852. — Dans la principauté de Birkenfeld la proportion est de 23 sans changement en 1843 et 1853 ; — dans le duché de Brunswick, de 3.94 en 1858; — dans le Hanovre, de 7 en 1833, de 6.4 en 1861; — dans la principauté de Hesse, de 25 en 1852 et 1855; — dans le Mecklembourg-Schwérin, de 6 en 1856; — dans le Mecklembourg-Strélitz, de 6.79; — dans le duché d'Oldenbourg, de 5 en 1858; — en Saxe, de 0.53 en 1834 et 0.67 en 1858; — dans Saxe-Weimar, de 3 en 1843; — dans le Wurtemberg, de 7 en 1846 et 1858.

Si l'on tient compte, non plus du rapport proportionnel des cultes entre eux à diverses époques, mais de l'accroissement des habitants appartenant à chacun d'eux, on constate, à peu près généralement, un mouvement progressif très-marqué des juifs.

Autriche. — Sur 1,000 habitants, en 1857, 30.7 appartenaient au culte israélite.

Belgique. — Dans ce pays, le rapport était de 0.3 israélite en 1847; le recensement par culte n'a pas été renouvelé depuis.

France. — En France, sur 1,000 habitants, 2.0 en 1851 et 2.2 en 1861, appartenaient au culte israélite. Les départements où ce rapport était dépassé en 1861 sont les suivants: Bas-Rhin, 36.3; Haut-Rhin, 27.3; Meurthe, 11.9; Moselle, 16.2; Seine, 7.8; Bouches-du-Rhône, 5.0; Vosges, 3.4; Gironde, 3.4; Doubs, 2.9; Vaucluse, 2.3. On voit que le nombre des israélites n'a quelque importance que dans l'Alsace et la Lorraine. Beaucoup habitent, en outre, nos principales places commerciales, comme Paris, Bordeaux et Marseille. Il est cinq départements où il n'en a pas été recensé un seul (Ariége, Haute-Loire, Lozère, Haute-Savoie) et 27 où leur rapport à la population n'atteint pas 1 sur 10,000 habitants.

Hollande. — Le rapport des juifs à la population (1,000) est resté à peu de chose près identique en 1830, en 1850 et en 1859 (19, 19, 19.1).

Italie. — a) États romains. Le nombre des israélites dans les États pontificaux n'est pas connu; on l'évalue à 16,000, soit 3.8 p. 1,000. D'après un recensement opéré en 1863, il s'en trouvait 4,490 dans le Ghetto, et seulement 3,800 en 1842, (Ristori); — b) ancien royaume de Naples, 2,000 (évaluation) ou 0.23 pour 1,000 habitants; — c) ancien duché de Toscane, 7,269 en 1861 ou 4 p. 1,000; d) ancien duché de Modène, 2,669 en 1861 ou 4.40 p. 1,000; — e) anciens États sardes, 6,799 en 1858 ou 1.64 p. 1,000. On ne sait rien sur le nombre des juifs dans l'ancien duché de Parme et à San Marino. Un dénombrement spécial effectué en 1861, dans l'ancien duché de Toscane, a mis en lumière les faits ci-après sur la population juive, comparée à la population générale. Pour 1,000 habitants on comptait, parmi les juifs, 297 et dans la population générale 301 enfants; 274 et 292 adultes célibataires; 350 et 344 mariés; 79 et 63 veufs des deux sexes. Ainsi les juifs avaient moins d'enfants, moins d'adultes célibataires et plus de mariés et de veufs. La famille juive ne comprenait, en moyenne, que 5.02 et la famille catholique 5.45 enfants.

Prusse. — C'est le pays de l'Europe où le mouvement de la population juive est étudié avec le plus de soin et depuis le plus grand nombre d'années. Nous croyons donc devoir résumer des documents officiels sur ce point:

Années	Nombre des juifs	Accroissement		Accroissement p 100 de la population totale.
		absolu.	p 100	
1816	123,981	»	»	»
1825	153,688	29,707	24.02	18.78
1834	176,460	22,772	14.82	10.22
1843	206,527	30,067	17.04	14.52
1846	214,857	8,330	4.03	4.15
1849	218,998	4,141	1.84	1.35
1852	226,868	7,870	3.59	3.70
1855	234,248	7,380	3.25	1.58
1858	242,416	8,168	3.48	3.12
1861	253,457	11,041	4.55	4.23

On voit que, sauf de 1849 à 1852, l'accroissement de la population juive a toujours été supérieur à celui de la population générale. La différence est surtout sensible pour les quatre premiers recensements.

Si l'on recherche dans quelle proportion l'excédant des naissances sur les décès et des immigrations sur les émigrations, a contribué à l'accroissement des deux populations, on trouve, d'abord pour la période 1816-1846, pendant laquelle les émigrations ont été peu sensibles, les résultats ci-après :

	Population générale Accroissement		Population juive. Accroissement	
	total	p 100.	total	p 100
Par l'excédant des naissances . .	4,667,107	45.16	78,875	63.65
— des immigrations.	1,125,838	10.97	12,061	9.73
Totaux. . . .	5,792,945	56.13	90,936	73.38

Ainsi, c'est surtout par l'excédant des naissances sur les décès que la population juive s'est accrue plus rapidement dans cette période que la population générale.

De 1845 à 1858, la situation se modifie en ce qui concerne le mouvement extérieur (entrées et sorties) des deux populations, l'émigration étant devenue plus considérable que l'immigration. D'un autre côté, le royaume s'est accru du Hohenzollern et du territoire de Jahde. En tenant compte de ces divers éléments, on trouve les résultats ci-après sur l'accroissement respectif des deux populations :

	Population générale Accroissement		Population juive. Accroissement	
	total	p 100	total.	p. 100.
Par les annexions	66,261	0.41	»	»
Par l'excédant des naissances . , . . .	1,826,204	11.33	41,480	19.30
A déduire: excédant de l'émigration. .	265,490	1.64	13,921	6.48

Deux faits importants ressortent de ce tableau : le premier, que la population juive a conservé l'avantage en ce qui concerne l'accroissement par l'excédant des naissances; le second, qu'elle a fourni au mouvement d'émigration un plus fort contingent que la population générale. Ajoutons que, de 1859 à 1861, les juifs ont continué à s'accroître plus rapidement par l'excédant des naissances.

A l'occasion des recensements de la population, on recueille, en Prusse, des renseignements distincts sur le sexe, l'état civil, l'âge et les professions des juifs. En voici l'analyse pour l'année 1861.

Le classement par âge des juifs et de la population générale est indiqué par le tableau ci-après :

Ages	Population générale (moins l'armée) Sexe			Population juive (moins l'armée) Sexe		
	masculin	féminin	Total.	masculin	féminin	Total.
De 0 à 14 ans. . .	355	340	347	372	360	366
De 14 à 60 ans. . .	585	596	591	559	578	568
Au-dessus	60	64	62	69	62	66
Totaux. . . .	1,000	1,000	1,000	1,000	1,000	1,000

D'après ces documents, les juifs auraient plus d'enfants, moins d'adultes, mais plus de vieillards que la population générale. — Le rapport des deux sexes est chez eux de 103.37 femmes pour 100 hommes; dans la population générale de 100.72; ces proportions diffèrent assez sensiblement. Considérés au point de vue de l'état civil, les juifs ne compteraient que 310 mariés pour 1,000 habitants; la proportion serait de 335 pour l'ensemble de la population.

Mais c'est surtout au point de vue des professions que les deux populations présentent les différences les plus caractéristiques; le tableau ci-après en fournit la preuve:

Population		Agriculture, Jardinage et industrie agricole	Industrie (grande et petite)	Commerce	Domesticité.	Professions libérales et fonctions communales	Rentiers et pensionnaires	Vivant de ressources qui leur sont étrangères	Indigents et mendiants
	juive	1,562	13,569	41,426	4,814	2,535	2,902	2,187	2,435
	P. 100	2.18	18.97	57.93	6.73	3.55	4.18	6 46	
	générale	3,429,056	3,104,483	406,767	256,141	168,702	180,561	330,003	
	P. 100.	43.63	39.41	5.17	3.2o	2.15	2 30	4.19	

La signification de ce tableau est claire et précise : les juifs exercent à peu près exclusivement les professions industrielles et commerciales, et nous avons lieu de croire qu'il en est de même dans le reste de l'Europe. Pour nous, ce fait s'explique par la situation légale qui leur a été longtemps faite, c'est-à-dire par la défense de posséder des propriétés foncières, défense qui subsiste encore dans une partie de l'Allemagne, en Turquie, dans les provinces moldo-valaques, etc.; puis par l'état précaire dans lequel ils ont vécu jusqu'au commencement de ce siècle, placés qu'ils étaient sous le coup d'une perpétuelle menace d'expulsion et de confiscation. De là, pour eux, la nécessité de mobiliser leur fortune, de manière à pouvoir s'expatrier à bref délai avec le moins de préjudice possible pour eux.

Les juifs se répartissent et s'accroissent très-inégalement dans les diverses provinces de la Prusse; c'est ce qu'indique le tableau ci-après.

PROVINCES.	Habitants pour 1 juif en 1861.	Accroissement p. 100 de 1816 à 1861.	Période de doublement
			Années.
Prusse	76	154.26	21
Posen	20	39.14	85
Brandebourg. . . .	80	279.74	11 ½
Poméranie.	111	370.83	8 ½
Silésie	83	153.86	24
Saxe	360	86.47	36
Westphalie.	97	75.23	42
Rhin	94	94.72	33
Hohenzollern . . .	68	»	»

Ainsi, c'est dans la province polonaise de Posen qu'ils sont en plus grand nombre; puis dans le Hohenzollern, dans la Prusse, le Brandebourg et la Silésie. On en trouve peu dans les provinces du Rhin, de Westphalie, et moins encore dans la Poméranie et la Saxe. — C'est dans la Poméranie, le Brandebourg (Berlin), la Prusse, la Silésie et le Rhin, qu'ils se sont accrus le plus rapidement; dans la Westphalie et surtout dans le duché de Posen, qu'ils ont fait le moins de progrès. On ne saurait s'expliquer la variété de ces mouvements que par une connaissance exacte, d'abord des diverses phases de la législation qui a régi les juifs dans chacune des provinces de la Prusse, puis des modifications dont la situation économique de ces provinces a pu être l'objet.

Royaume-Uni. — *a)* Angleterre. On ne connaît pas le nombre des israélites dans cette partie du Royaume-Uni. L'auteur d'un travail sur *les juifs dans l'Europe occidentale*, inséré au numéro d'avril 1863 de la *Revue de Westminster*, croit pouvoir l'évaluer à 40,000 au moins (2 pour 1,000 habitants), dont 25,000 à Londres. — *b)* Écosse. Le recensement des cultes n'a jamais été opéré dans ce pays. — *c)* Irlande. On y a recensé 322 juifs en 1861, soit 0.6 pour 1,000 habitants.

Russie. — Sur 1,000 habitants de la Russie d'Europe, en 1858, 25 étaient israélites. La Crimée est la province qui en renferme le plus. En Pologne, sur 4,696,919 habitants, en 1858, on a recensé 599,875 juifs; c'est 128 pour 1,000 habitants, proportion sensiblement plus élevée que dans tous les autres États dont l'énumération précède. Cette agglomération des juifs en Pologne se reproduit dans les provinces qui en ont été distraites et notamment dans le duché de Posen (comme nous l'avons vu) et dans la Galicie (Autriche). Elle s'explique par la protection que les rois de Pologne leur avaient accordée et qui s'est prolongée pendant plusieurs siècles.

Scandinavie. — *a*) Dancmark. D'après le dénombrement de 1855, on y comptait, sur 1,000 habitants, 3.23 israélites.   *b*) Suède. On y a recensé 0.25 juif sur 1,000 habitants, en 1855.

Nous ne connaissons pas le chiffre de la population juive en Norwége.

Suisse.   En 1850 il n'y existait qu'un seul israélite sur 1,000 habitants; cette proportion s'élevait à 1.7 en 1860.

Turquie (d'Europe).   — On lit dans le recueil allemand le *Fortschritt* (1854, p. 135), qu'à une date non indiquée, ce pays renfermait 16.3 juifs sur 1,000 habitants. Si l'on appliquait à la Turquie le rapport afférent à l'Autriche (1 juif sur 33 habitants), le premier de ces deux pays devrait en compter environ 450,000. Les juifs de la Turquie se divisent, quant à l'origine, en juifs polonais et espagnols. Les premiers habitent la Turquie proprement dite avec les États suzerains (moins la Moldavie); les seconds, arrivés plus tard, se trouvent en majorité en Moldavie et habitent surtout les villes de Jassy, Botoschani, Piatra, etc. Ils ont émigré, principalement sous le prince Stourdza, de la Transylvanie, de la Galicie et des autres parties de l'ancien royaume de Pologne.

Le tableau ci-après résume la répartition de la race juive en Europe dans ces dernières années.

PAYS.	Epoques	Population totale.	Nombre des juifs	Habitants pour 1 juif
Allemagne[1]	1855	13,820,430	131,555	105
Angleterre.	1861	20,066,224	45,000[2]	446
Autriche[3]	1857	34,615,466	1,048,147	33
Belgique.	1846	4,337,196	1,336	333
France.	1861	37,386,313[4]	79,964	468
Hollande[5]	1860	3,293,577	63,427	52
Irlande.	1861	5,776,972	322	17,910
Italie[6]	[7]	9,063,094	23,305	412
Pologne	1858	4,696,919	599,875	7
Russie.	1858	59,300,256	1,425,784	42
Scandinavie[8]	1855	6,108,045	9,201	664
Suisse	1860	2,510,494	4,216	595
Turquie	?	15,910,000	260,000	61
Totaux et moyenne.		216,884,986	3,692,132	58.8

Deux pays ne figurent pas dans cette nomenclature, l'Espagne et le Portugal. Bien que nous manquions de renseignements officiels sur ce point, nous n'hésitons pas à croire que les juifs y sont nombreux. George Barrow, dans un livre qui fit,

---

1. Moins la Prusse et l'Autriche. quelques principautés et les villes libres.
2. Évaluation.
3. Après le traité de Zurich.
4. Annexions comprises.
5. Moins le Luxembourg.
6. États romains, Toscane, Piemont.
7. 1853 pour les États romains, 1854 pour la Toscane, 1858 pour le Piemont.
8. Danemark avec les duchés et Suède.

à son apparition, une profonde sensation en Angleterre (*The bible in Spain*), établit sans réplique que l'élément judaïque est encore aujourd'hui considérable dans la péninsule ibérique. Cet auteur va même jusqu'à affirmer que *le sang juif est profondément mêlé à la population tout entière, sans distinction de classe.*

L'inégale répartition des israélites en Europe ne s'explique pas, comme on pourrait le croire, par la différence des régimes civils et politiques auxquels ils y sont soumis. C'est ainsi qu'ils sont très-nombreux en Autriche, dans les provinces moldovalaques, en Turquie et en Russie (Pologne comprise), pays où ils ne jouissent encore que d'une partie des droits civils ou politiques. Ils sont en petit nombre, au contraire, en France, en Belgique, en Hollande, en Italie, dans le grand-duché de Bade, en Wurtemberg et en Danemark, où leur assimilation à la population indigène, au point de vue de l'exercice de ces droits, est complète.

Rappelons, à ce sujet, que les deux seuls pays de l'Europe où aucune concession de cette nature ne leur a encore été faite, sont l'Espagne et la Norwége, ces deux dernières citadelles de l'intolérance catholique et protestante.

II. MOUVEMENT ANNUEL DE LA POPULATION (mariages, naissances et décès)
CHEZ LES JUIFS.

Nous allons rechercher les différences, très-remarquables, comme on le verra, qui existent, en ce qui concerne le mouvement annuel de la population, entre les populations juive et chrétienne.

C'est encore en Prusse que ces différences ont été étudiées avec le plus de soin. D'après une moyenne déduite des trois années 1859-1861, le rapport des naissances à la population (qui exprime, comme on sait, la durée de la vie moyenne, dans les populations stationnaires) est, pour les juifs, de 29.97 habitants pour 1 naissance (28.81 pour le sexe masculin et 31.18 pour le sexe féminin), et pour la population générale, de 25.21 (24.43 pour le sexe masculin, 26.03 pour le sexe féminin). La vie moyenne des juifs, ainsi mesurée, est donc supérieure de près de 5 ans à celle de la population générale. — Le rapport sexuel dans les naissances diffère assez notablement; il est de 104.67 garçons pour 100 filles chez les juifs, et de 105.79 chez les chrétiens. On compte, chez les premiers, 3.88 naissances naturelles pour 100 naissances, et 8.73 chez les seconds, c'est-à-dire plus du double. Les juifs se marient en moins grand nombre que les chrétiens, puisqu'ils n'ont qu'un mariage pour 125 habitants (probablement parce qu'ils ont moins d'adultes à nombre égal d'habitants), et ceux-ci pour 123. Ils paraissent épouser plus de jeunes femmes que les autres habitants; on trouve, en effet, que, pour 100 mariages, ils en contractent 98.47 avec des femmes de 45 ans et au-dessous, c'est-à-dire dans l'âge de la fécondité, et les chrétiens seulement 97.38. Quoique mariés avec des femmes plus jeunes, les juifs ont moins d'enfants (4.02 au lieu de 4.49 par mariage). — La mort les frappe en moins grand nombre, bien, comme nous l'avons vu, qu'ils comptent plus d'enfants. Les relevés de l'état civil ne leur attribuent, en effet, que 1.61 décès pour 100 habitants, tandis que, pour l'ensemble de la population prussienne, le coefficient est de 2.62. Par suite de cette différence de mortalité, l'accroissement annuel de population est de 1.36 p. 100 chez les chrétiens et de 1.73 chez les juifs; de là une période de doublement de 51 ans pour les premiers et de 40 ½ ans seulement pour les seconds.

On pourrait être tenté d'expliquer la moindre mortalité des juifs par la moindre fécondité de leurs mariages; mais cette explication devient insuffisante en présence de ce fait, qu'à nombre égal de naissances, ils ont moins de décès que le reste de la population. Voici sur ce point les documents officiels; ils indiquent une moyenne déduite du mouvement de l'état civil pour les trois années 1859-1861 (décès pour 100 naissances) :

Évangélistes	Catholiques.	Philiponiens	Catholiques allemands	Mennonites	Juifs
66.37	65.94	56.04	56.77	86.66	48.11

Nous avons dit que ces renseignements se rapportent à une date récente. Ils sont confirmés par des documents officiels antérieurs. Ainsi, en ce qui concerne le rapport des naissances à la population ou la fécondité générale, nous trouvons les faits ci-après pour quelques années de la période 1831-1849, séparément pour les évangélistes, les catholiques et les juifs (habitants pour 1 naissance).

Années	Évangélistes	Catholiques	Israélites
1831	26.54	26.52	30.01
1834	24.46	23.96	27.80
1837	25.70	21.51	28.23
1840	26.02	24.43	27.61
1843	25.93	25.00	27.19
1846	25.92	25.34	27.39
1849	23.88	23.03	28.84

Nous puisons aux mêmes sources officielles (*Tabellen für 1849*) le document ci-après indiquant le nombre de naissances totales pour 1 naissance naturelle.

Années	Évangélistes	Catholiques	Israélites.
1831	11.27	16.48	54.21
1834	10.97	16.05	54.68
1837	11.32	16.76	45.78
1840	11.57	16.73	47.61
1843	10.92	16.43	47.07
1846	10.87	16.09	43.83
1849	10.78	16.35	40.09

Ce document met en évidence un fait assez curieux, c'est que, tandis que le rapport afférent aux catholiques est à peu près invariable, il se produit un certain relâchement dans les mœurs des évangélistes et des juifs ; il n'en confirme pas moins les renseignements précédents sur le petit nombre relatif de naissances naturelles parmi ces derniers.

La plus grande fréquence des mariages chez les chrétiens est également attestée par le tableau ci-après, qui indique le nombre des habitants pour 1 mariage.

Années.	Évangélistes.	Catholiques	Israélites
1831	129.21	136.62	155.12
1834	102.76	103.99	129.94
1837	110.02	109.38	142.20
1840	112.08	113.61	127.58
1843	107.97	113.19	123.21
1846	112.36	122.93	134.54
1849	107.77	111.40	174.92

En 1849, aux termes de la même statistique officielle, on a constaté 1 décès sur 34.35 évangélistes, sur 30.18 catholiques et seulement sur 40.69 juifs.

Les juifs ne comptent qu'un très-petit nombre de *mort-nés* ou d'enfants décédés avant, pendant ou peu de temps après l'accouchement. D'après Hoffmann, ancien directeur du bureau de statistique de Prusse, sur 107,690 naissances juives, de 1822 à 1840, on n'aurait compté que 2,724 mort-nés ou 1 sur 39.5; pour le reste de la population prussienne, sur 12,478,271 naissances de 1816 à 1841, le nombre des mort-nés aurait été de 416,760, soit un peu moins de 1 sur 30. En 1849, nous trouvons 1 mort-né pour 24.61 naissances légitimes parmi les évangélistes, sur 27.24 parmi les catholiques et seulement sur 74.32 parmi les juifs. Dans les naissances naturelles, le rapport des mort-nés s'établit ainsi qu'il suit: 1 sur 17.86 naissances parmi les évangélistes, sur 20.05 parmi les catholiques, sur 26.43 parmi les juifs. Ainsi, que les naissances soient légitimes ou naturelles, la femme juive paraît arriver plus heureusement au terme de la gestation que la femme chrétienne.

En dehors de la Prusse, les observations sont plus rares et par conséquent moins concluantes. Cependant elles témoignent le plus souvent dans le même sens.

En Autriche, d'après le docteur Becher, tandis que le nombre des habitants pour 1 décès a été, dans les provinces allemandes et italiennes, de 30.7 en 1837 et 33 en 1839 dans l'ensemble de la population, il s'est élevé à 38.2 et 42.7 pour les juifs (Bernouilli, *Populationistik*, supplément, p. 22). Joseph Hain, dans sa *Statistique de l'empire d'Autriche* (1852), après avoir donné (1er vol., p. 431) la répartition par cultes de 10,000 décès, de 1830 à 1837, dans un certain nombre de provinces, mais en omettant d'indiquer les rapports aux habitants, s'exprime ainsi: « Les rapports des décès aux vivants de chaque culte ne présentent que de faibles différences. Toutefois, c'est chez les juifs et les protestants que la mortalité est le moins élevée. »

Le Dr Neufville a étudié les décès par âge, pendant un certain nombre d'années, à Francfort-sur-le-Mein, et il en a déduit une table mortuaire que nous résumons ainsi qu'il suit : pour 100 individus supposés nés le même jour, le quart est mort à 6 ans 11 mois chez les chrétiens, à 28 ans 3 mois chez les juifs; la moitié à 36 ans 6 mois chez les premiers, à 53 ans 1 mois chez les seconds; les trois quarts à 59 ans 10 mois (chrétiens) et à 71 ans (juifs). Le Dr Neufville explique ainsi qu'il suit ces grandes différences de vitalité. « A Francfort, dit-il, il n'y a point de prolétaires parmi les juifs, tandis que le 10e de la population chrétienne est à la charge de la charité publique. La plupart des juifs appartiennent au commerce ou aux lettres, très-peu à la classe ouvrière, et, dès lors, ils ne sont pas exposés aux mêmes épreuves, aux mêmes fatigues, aux mêmes privations. Enfin, ils mènent une vie très-régulière.» Plus loin, l'auteur n'en est pas moins obligé de convenir que, toutes choses égales d'ailleurs, au point de vue des conditions de bien-être et de moralité, entre les classes commerçantes des deux religions, sur 100 commerçants âgés de plus de 20 ans, la moitié succombe avant 57 ans chez les chrétiens, et seulement avant 61 ans chez les juifs.

D'après Hoffmann (*Petits écrits économiques*), sur 104,966 enfants juifs nés vivants, en Prusse, de 1822 à 1840, 13,941 ou 1 sur 7.5 étaient décédés dans la première année. Sur 12,061,511 enfants chrétiens, de 1822 à 1840, 2,059,676 ou 1 sur 6 avaient succombé au même âge.

Nous avons construit, pour la France (5 années), une table de mortalité avec les décès par âge, de 1855 à 1859: 1º des juifs; 2º de l'ensemble de la population, et nous avons constaté les faits ci-après. A la naissance, la vie moyenne de la population générale est supérieure à celle de la population juive (hommes); mais à tous les autres âges, les israélites ont une vie moyenne supérieure. Il n'en est pas ainsi pour les femmes juives; leur vie moyenne est plus faible que celle de l'ensemble de la population du même sexe jusqu'à 60 ans; ce n'est qu'à partir de cet âge qu'elle leur est supérieure.

Nous ne connaissons que pour une seule année (1861) le mouvement comparé de la population des chrétiens et des juifs en Toscane. Il se résume ainsi qu'il suit. Le rapport des naissances à la population (vie moyenne) a été, cette année, de 25.58 pour les premiers et de 36.71 pour les seconds; — le rapport des mariages à la population (nombre d'habitants pour 1 mariage) de 103 pour les chrétiens, de 141 pour les juifs; — enfin le rapport des décès à la population (ramenée à 100) de 2.75 et 2.34. Mais par suite de la plus grande fécondité de ses mariages, et malgré une mortalité plus considérable, la population chrétienne s'accroît plus rapidement. La période de doublement est, en effet, de 76 ans pour celle-ci et de 183 ans pour les juifs.

En Saxe, le rapport des décès aux habitants a été, en 1850, de 1 sur 51 pour les juifs et sur 33 pour le reste de la population. On retrouve encore ici la moindre fréquence des mariages israélites : 1 sur 113 habitants, et 1 sur 103 pour le reste du pays.

Dans une statistique officielle de la ville de Hambourg, publiée en 1853, nous trouvons la confirmation des observations déjà faites en Prusse et ailleurs : 1° sur la moindre fécondité des mariages des juifs; 2° sur le petit nombre relatif de leurs naissances naturelles. Dans la période 1821-1850, les relevés de l'état civil attribuent aux mariages chrétiens une moyenne de 3.64 enfants, et aux mariages israélites de 3.52. Tandis que le nombre des enfants juifs nés vivants, de 1846 à 1850, forme 4.18 p. 100 du total des naissances de la ville, le nombre des enfants naturels de la même nation n'est que 0.51 du total des naissances hors mariage. L'auteur explique la prédominance des naissances naturelles dans les communions chrétiennes, par un *moindre bien-être,* les paroisses les plus pauvres étant, dit-il, le plus chargées de naissances illégitimes (p. 18).

Le docteur Grœtzen, directeur du service hospitalier de la ville de Breslau, écrivait ce qui suit dans son rapport sur l'état sanitaire de cette ville pendant l'année 1853 : «.... Nous avons dit que le rapport des naissances à la population est plus favorable pour les juifs que pour les autres habitants et leur mortalité moindre. On en trouve la preuve dans ce fait que, pour les premiers, l'excédant des naissances sur les décès est de 50 par an, ce qui indique un accroissement annuel de 1.65 p. 100 plus élevé que pour l'ensemble de la ville. La différence est encore plus grande pour les naissances naturelles. Chez les juifs, en effet, on n'en compte que 1 sur 48 naissances totales, tandis que, pour l'ensemble de la population, le rapport est dix fois plus élevé. Même résultat en ce qui concerne la mortalité. Tandis que, dans la période 1849-1852, elle a été, dans la ville, par suite de deux fortes épidémies, de 1 sur 24.3 habitants, elle n'a pas dépassé, pour les juifs, 1 sur 38. »

On trouve dans les *Mémoires statistiques sur le département de la Moselle,* publiés en l'an XI par le citoyen Colchen, préfet, l'observation qui suit : «Les naissances juives n'ont été, en l'an X, que de 1 sur 37 individus, et pour les autres habitants, de 1 sur 24. On n'a compté que 1 décès sur 56 juifs. On croit pouvoir attribuer ce résultat extraordinaire à l'adoption de la vaccine par cette nation.» Le même administrateur fait connaître le mouvement de la population, en 1783, des populations juive et chrétienne de la Lorraine. D'après ce document, pour 100 naissances, la première n'aurait eu que 71.46 décès et la seconde 87.19.

M. le docteur Loir, dans son premier mémoire *sur le service des actes de naissances* (1845), cite le fait suivant: « Taoldo de Padoue, qui écrivait en 1760, a observé que les enfants des juifs de Padoue qui meurent avant d'avoir accompli leur première année, forment à peine un cinquième du total des juifs, tandis que, dans les paroisses des montagnes, les décès des enfants chrétiens du même âge forment plus de deux cinquièmes de la mortalité totale (p. 18). »

L'administration française a recueilli, en Algérie, pour un certain nombre d'années, les éléments du mouvement de la population (naissances, mariages et décès), séparément pour les populations européenne, juive, indigène et musulmane. Nous ne reproduisons ses chiffres que pour les deux premières, la tenue de l'état civil laissant très-sensiblement à désirer, de l'aveu des documents officiels, pour la troisième.

En 1838, première année de cette statistique spéciale, un relevé de l'état civil, pour les villes d'Alger, d'Oran, de Bone, de Bougie et de Mostaganem, donne les résultats ci-après :

	Habitants pour		
	1 naissance	1 décès	1 mariage
Européens	23.1	30.0	47
Israélites	26.1	50.6	126

En 1839, nous trouvons, pour les mêmes villes, les coefficients ci-après :

	1 naissance	1 décès	1 mariage
Européens	22.8	17.7[1]	48
Israélites	23.3	35.5	114

Nous n'avons, pour 1840, que les relevés relatifs à la ville d'Alger seulement ; en voici les résultats :

	1 naissance	1 décès	1 mariage
Européens	28.0	22.5	80
Israélites	30.8	35.8	134

Il en est de même pour 1842 (1841 nous manque) :

	1 naissance	1 décès	1 mariage
Européens	30.2	16.6	94
Israélites	29.0	27.5	160

Le relevé de l'état civil dans l'ensemble des localités de l'Algérie administrées civilement (moins Constantine) se résume ainsi en 1844 :

	1 naissance	1 décès	1 mariage
Européens	27.2	21.0	100
Israélites	21.8	40.8	85

Quelle que soit l'imperfection très-probable des documents qui nous ont servi à calculer ces rapports, et que les éléments qui précèdent s'appliquent aux principales villes ou à l'ensemble des territoires civils, enfin à la ville d'Alger seulement, on constate, au profit des israélites indigènes, une différence de mortalité très-considérable entre les deux races. Il est vrai que les juifs indigènes habitent depuis longtemps l'Afrique et que, par conséquent, ils n'ont pas à y lutter, comme les Européens, tous plus ou moins récemment établis, contre les influences climatériques. Il y a lieu de faire observer en outre que, par suite d'une moindre fécondité, résultant du petit nombre relatif de leurs mariages, ils doivent avoir nécessairement une mortalité inférieure. Cependant, quand on recherche, pour les deux populations, le chiffre des décès afférent à 100 naissances, on trouve que les Européens ont encore un excédant de mortalité très-sensible ; c'est ce qui résulte du tableau ci-après :

---

1. Année de choléra.

	1833.	1839.	1840.	1842.	1843-1844.
Européens	128.86	77.21	124.17	182.30	124.45
Israélites	64.85	51.65	86.00	103.75	53.45

Nous avons sous les yeux une intéressante étude de biostatique *sur les chances de vie des israélites comparés aux chrétiens* dans le comitat de Wieselburg en Hongrie, par le docteur Glatter, médecin du gouvernement dans le comitat. Cette étude a été lue, le 5 mai 1856, à la classe des sciences naturelles de l'Académie de Hongrie.

L'auteur fait d'abord connaître les faits généraux qui se rattachent au mouvement de la population parmi les juifs. Il établit notamment, à l'aide des renseignements qu'il a recueillis, 1º qu'à nombre égal d'habitants, ils se marient moins que les chrétiens (ce qui est conforme aux observations précédentes), soit parce qu'ils comptent moins d'adultes, comme en Prusse, soit parce qu'ils obéissent à un sentiment de prévoyance plus caractérisé; 2º que leurs mariages sont moins féconds, peut-être par suite de ce même sentiment et aussi de la moindre mortalité de leurs enfants; 3º que la prédominance numérique des garçons est plus forte dans leurs naissances que dans celles des chrétiens.

Mais le principal objet de son étude est la mortalité comparée aux divers âges, des juifs d'une part, des Allemands, des Hongrois et des Croates de l'autre. Les faits sur lesquels ses observations ont porté ne sont pas nombreux, au moins en ce qui concerne les israélites; mais ils présentent des phénomènes si caractérisés, et depuis un si grand nombre d'années, qu'il est difficile de ne pas y reconnaître ce privilège, cette immunité relative que tous les documents précédents reconnaissent à l'élément israélite. L'avantage que les recherches de M. Glatter lui attribuent, est d'autant plus remarquable, que les israélites de cette localité appartiennent à une condition sociale des plus modestes. Ce sont de petits marchands au détail, sans avances, sans économies, vivant un peu au jour le jour et placés, par conséquent, dans des conditions hygiéniques assez défavorables.

Nous reproduisons d'abord le tableau dans lequel l'auteur a indiqué le taux mortuaire des juifs rapproché de celui des trois autres races qui habitent le même pays: les Allemands, les Hongrois et les Croates. Ce tableau est une table mortuaire ramenée à 1,000.

Les éléments sont déduits des décès de la période 1833-1855 (23 années):

AGES.	Allemands	Hongrois	Croates	Juifs.
De 0 à 1 mois	123.3	167.4	146.9	44.1
De 1 à 6 mois	113.9	72.1	141.6	83.7
De 6 à 12 mois	56.6	45.3	64.0	109.7
De 1 à 5 ans	105.7	153.5	159.1	138.0
De 5 à 10 ans	40.1	55.5	54.6	56.5
De 10 à 20 ans	47.3	61.0	35.4	48.6
De 20 à 30 ans	68.3	74.9	44.4	64.4
De 30 a 40 ans	79.5	67.5	55.8	66.7
De 40 à 50 ans	75.6	78.6	59.2	70.1
De 50 à 60 ans	88.5	86.0	66.0	73.5
De 60 a 70 ans	104.3	51.5	98.4	111.9
De 70 à 80 ans	58.4	39.7	55.2	74.6
De 80 à 90 ans	25.1	12.9	14.8	40.7
De 90 à 100 ans	3.2	1.8	0.6	5.6
Au-dessus	1.1	»	»	2.2
Age inconnu	8.2	0.9	»	8.8

Avant de reproduire les observations dont cette table est l'objet de la part du docteur Glatter, disons qu'elle indique, pour chacune des quatre nationalités auxquelles elle se réfère, les vies moyenne et probable à la naissance ci-après :

	Allemands		Hongrois		Croates		Juifs	
	Ans.	Mois	Ans	Mois	Ans	Mois	Ans.	Mois
Vie moyenne . .	28	5	23	11	22	10	30	2
— probable . .	21	3	10	10	4	8	22	3

Voici maintenant les réflexions qu'elle suggère à l'auteur :

L'avantage des juifs, dans les premiers jours de la naissance, avantage énorme, serait dû à l'affection profonde des parents pour leurs nouveau - nés, affection poussée, dit l'auteur, jusqu'à l'idolâtrie, et aux soins minutieux dont ils les entourent. «En lutte continuelle, continue-t-il, avec les soucis matériels de la vie, plus ou moins en butte aux préjugés hostiles des races étrangères qui l'entourent, le pauvre juif, ici comme partout, trouve dans la famille sa grande, son unique consolation.» L'enfant juif échappe d'ailleurs aux chances de mortalité résultant pour l'enfant chrétien de l'obligation imposée aux parents de ce dernier d'aller le faire baptiser, souvent après le deuxième jour de la naissance, dans des églises plus ou moins éloignées, par des températures extrêmes, contre l'effet desquelles il est très-difficile de le garantir. Mais à son tour, l'enfant chrétien est à l'abri des conséquences de la circoncision, opération qui peut avoir une influence fâcheuse (non constatée, il est vrai, jusqu'à ce jour) sur la santé du nouveau-né juif.

De 1 à 6 mois, la race juive conserve, et par les mêmes motifs, son avantage sur deux des trois autres nationalités.

La période de 6 à 12 mois est peu favorable à l'enfant juif, dont la mortalité est sensiblement supérieure à celle des autres races. Il faut probablement chercher la cause de la différence dans le fait d'un plus grand nombre de survivants chez les juifs. Toutefois, si l'on récapitule les décès de la naissance à 1 an, on constate encore un avantage sensible à leur profit.

De 1 à 5 ans, ils le conservent vis-à-vis des Croates et des Hongrois. — Ils le perdent de 5 à 10. «C'est l'époque, dit le docteur Glatter, où le fils du paysan chrétien est occupé aux travaux agricoles, travaux en plein air, dans les champs ou dans les bois, si favorables à la santé et au développement des forces physiques! A cette époque, au contraire, l'enfant juif passe la plus grande partie de son temps à étudier, dans l'enceinte étroite et malsaine des écoles, les livres saints de sa religion. » — De 10 à 20 ans, les Hongrois seuls ont une mortalité supérieure à celle des juifs. Mais ces derniers conservent encore à cet âge un plus grand nombre de survivants que les trois autres races (520 contre 513, 445.8 et 395.4). — De 20 à 30 ans, leur mortalité est moindre que celle des Allemands et Hongrois. — Même résultat de 30 à 60 ans ; à partir de cet âge la mortalité juive est constamment plus élevée, parce qu'elle porte sur un plus grand nombre de survivants. On est surpris du nombre considérable de juifs arrivés aux âges extrêmes de la vie.

En résumé, pour la race juive, le taux mortuaire est de 1 habitant sur 57 habitants et la durée de la vie moyenne déterminée par la méthode de l'auteur ($\frac{1}{2}$ somme du rapport des naissances et des décès à la population) de 46.5 ans ; tandis qu'elle ne s'élève qu'à 26.7 pour les Allemands et à 20.2 pour les Croates (l'auteur manque de renseignements sur la population hongroise de la localité).

La plus grande longévité de la race juive est encore constatée par un document fort intéressant, indiquant le nombre des individus de plus de 60 ans pour 100 habitants parmi les chrétiens et les juifs, d'après un dénombrement récent opéré à Francfort-sur-le-Mein. En voici le résumé. (*Beiträge zur Statistik der freien Stadt Frankfurt*, 1er vol., 3e livre, p. 21.)

Catholiques	Luthériens	Réformés		Catholiques allemands.	Juifs.
		allemands	français		
4.41	6.58	6.64	7.61	5.61	7.83

Le Dr Mayer, de Munich, dans un mémoire inséré au recueil allemand *Deutsche Zeitschrift für die Statistik* (t. XXI, 2e p., 1863), sous le titre de *Ueber die Lebenserwartung der israelitischen Bevölkerung gegenuber der christlichen*, a constaté une différence sensible de la durée de la vie chez les chrétiens et les israélites à Fürth (Bavière). D'après une moyenne calculée sur 10 années d'observation, elle serait de 26 ans pour les premiers et de 37 pour les seconds, soit 11 années de différence en faveur des israélites. Selon les documents réunis par l'auteur, l'avantage à leur profit se manifeste dès les premiers jours, dès les premières années de la vie, et, comme le Dr Glatter, il attribue cet avantage aux soins minutieux dont les parents entourent leurs nouveau-nés. La période de 1 à 5 ans ne leur est pas moins favorable, puisqu'ils ne perdent que 10 p. 100, lorsque les décès des chrétiens sont de 14. Cette plus longue durée de la vie se maintient pour eux jusqu'à la 60e année. A cette époque, les rapports changent, comme dans la table mortuaire élaborée par le Dr Glatter, et par la même raison, c'est-à-dire par le fait d'un plus grand nombre de survivants parmi les juifs. Ainsi, de 60 à 70 ans, la mortalité est de 9.8 p. 100 pour les chrétiens et de 12 pour les juifs; de 70 à 80, de 8.9 et 7; enfin, de 80 à 90, de 2.4 et 8.1.

Remarquons, en passant, que ces données sont déduites d'une simple table mortuaire où le total des décès est ramené à 100; il n'est pas douteux pour nous que si le Dr Mayer avait pu y substituer une véritable table de mortalité, faisant connaître le coefficient mortuaire des survivants réels de chaque âge, on eût trouvé que, même aux âges les plus avancés, la moindre mortalité se trouve du côté des juifs. Cette observation s'applique également à la table du Dr Glatter.

En résumé, les documents réunis par le Dr Mayer nous apprennent qu'à nombre égal de naissances (l'auteur suppose une population stationnaire où les naissances sont égales aux décès), la moitié des individus nés vivants a succombé à 30 ans chez les chrétiens et à 50 seulement chez les juifs.

A Furth, d'après une moyenne déduite de 25 années, on a constaté 1 mariage sur 128 chrétiens et pour 149 juifs seulement; 1 naissance pour 29 chrétiens et pour 35 juifs; 1 mort-né sur 19 naissances de chrétiens et sur 34 naissances de juifs. Si, à Fürth, les juifs semblent se marier en moins grand nombre, ils se marient plus tôt que les chrétiens. En effet, sur 100 hommes qui quittent le célibat, 29 chez ces derniers et 37 chez les premiers ont moins de 30 ans. Ces diverses observations sont assez conformes à celles que nous a fournies l'étude des documents officiels prussiens.

Nous ne connaissons qu'un document qui semble contredire, sinon la plus grande viabilité de la race juive, au moins sa plus grande aptitude physique; il est relatif à l'écart observé en Prusse dans le rapport de l'effectif militaire à la population, séparément pour les juifs et les chrétiens. Voici ce document, qui appartient à Dieterici, pour l'année 1849 (*Mittheil. des statistischen Bureau*) et à M. le docteur Engel, pour 1861 (*Jahrbucher für die amtliche Statistik*, 1862).

	Protestants.		Catholiques		Juifs	
	1849.	1861.	1849.	1861.	1849.	1861
P. 100 { dans la population.	61.37	60.99	37.23	37.45	1.34	1.40
dans l'armée. . . .	69.42	68.42	30.15	30.66	0.39	0.50

Mais ces rapports ne sont pas à l'abri de toute critique, et d'abord ils ne sont afférents qu'à deux années, ce qui ne permet pas de les considérer comme l'expression d'un fait normal et en quelque sorte définitif. D'un autre côté, les juifs, comptant en Prusse, à population égale, plus d'enfants et de vieillards que les chrétiens, doivent fournir moins de recrues. Il importe en outre de se souvenir qu'ils habitent à peu près exclusivement les villes, et que, pour avoir les éléments d'une comparaison exacte entre les deux races, il serait nécessaire de rapporter, non pas les populations totales, mais les populations urbaines réciproques aux recrues. Enfin, il serait possible que, par suite de circonstances qui nous sont inconnues, les juifs eussent à faire valoir, en dehors de l'inaptitude physique, des motifs d'exemptions légales en plus grand nombre que les chrétiens. Mais lors même que cette inégalité dans le rapport à la population et à l'armée serait fondée, en ce qui concerne les premiers, sur une insuffisance de taille ou sur des maladies, des infirmités, sur une constitution débile, on ne pourrait rien en conclure contre leur plus grande longévité, les individus repoussés par le recrutement, parce qu'à l'âge auquel il s'opère ils n'ont pas la taille légale ou ne sont pas arrivés à un développement complet, pouvant plus tard acquérir la plénitude de l'aptitude physique qui leur manquait quelques années avant.

Nous avons à peine besoin de faire remarquer que, si la moindre participation des juifs au recrutement avait pour cause l'insuffisance de la taille, il ne faudrait rien en conclure au point de vue de leur aptitude physique. Or, voici ce que nous lisons à ce sujet dans un travail *sur la taille et le poids des conscrits en Bavière,* par le docteur Mayer (1863) : «La taille moyenne, pour l'ensemble des recrues, a été de 5 pieds 7 pouces 7 lignes (le pied bavarois = $0^m,2910$). Dans les villes, elle a été de 2 lignes au-dessous. Le minimum (5 pieds 7 pouces 1 ligne) a été constaté dans la ville de Fürth. Il s'explique par ce fait que les juifs y forment 16 p. 100 de la population. Or, il résulte de nombreuses observations recueillies par le docteur Schultz, à Saint-Pétersbourg, que les juifs ont une moindre taille que les chrétiens, ce qui tient à ce que, avec un torse de même longueur, ils ont les extrémités inférieures plus courtes. (*Annales d'hygiène,* juillet 1864[1])

Si, à l'âge du recrutement, les juifs paraissent fournir, en Prusse, un moindre nombre de soldats que les chrétiens, nous avons sous les yeux un autre document qui leur attribue, à cet âge, plus de survivants. L'auteur der *Beiträge zur Statistik Hamburg's* (p. 31, en note), cite en effet, avec les plus grands éloges, une publication semi-officielle intitulée : *Jüdische Finanzberichte,* dans laquelle on lit que, sur 100 garçons nés la même année à Hambourg, dans la population juive, 79 atteignent l'âge du recrutement (21 ans); tandis que ce rapport n'est, pour la population générale, que de 71. Cette assertion est, il est vrai, assez fortement combattue par l'auteur de la citation, qui n'entend accorder aux juifs qu'un rapport de 71.8, mais qui confesse qu'elle ne dépasse pas 70.6 pour les chrétiens.

Quelques auteurs ont attribué aux juifs des immunités spéciales, surtout en ce qui concerne les maladies épidémiques. D'après le docteur Boudin (*Traité de géographie et de statistique médicales,* 2ᵉ vol., p. 141), «tout le moyen âge s'accorde à signaler l'immunité des juifs pendant les épidémies de peste, immunité qui devenait souvent contre eux un prétexte de persécutions. En parlant de la peste de 1346, Tschudi, un ancien historien, dit textuellement: *cette maladie n'atteignit les juifs en aucun pays.* Fracastor nous montre également les juifs échappant complétement à l'épidémie de typhus de 1505; Rau signale la même immunité dans l'épidémie de typhus observée à Langgæus en 1824. Ramazzini insiste sur l'immunité des juifs lors de l'épidémie de fièvres intermittentes observée à Rome en 1691. Degner nous les montre échappant, en 1736, à l'épidémie dissentérique de Nimègue. M. Eisenmann insiste sur l'extrême rareté du croup chez les enfants juifs. Selon Wawruch, le tænia ne se rencontre pas dans la population juive en Allemagne. D'après une enquête officielle faite en 1843, dans le duché de Posen, sur la plique étudiée d'après les races, on aurait constaté qu'elle frappe 29 individus pour 1,000 dans la race slave, 18 dans la race germanique et 11 seulement dans la race juive. »

En ce qui concerne le choléra, le même auteur fait remarquer que « tantôt les juifs en font seuls les frais, tantôt ils sont seuls épargnés, et c'est en admettant la constance d'une de ces deux éventualités, que plusieurs auteurs se sont trompés. L'épidémie de 1831-1832 s'est appesantie d'une manière particulière sur la race juive tant en Europe qu'en Afrique. » Nous doutons de la parfaite exactitude de cette dernière assertion; il paraît certain, en effet, d'après les nombreux documents réunis sur la matière, que le choléra a sévi, à cette époque, sur les populations européennes sans distinction de race. Dans tous les cas, il est certain que l'immunité des juifs a été constatée à Londres, à l'occasion du choléra de 1849, et en France, dans la ville de Metz, en 1832.

« L'immunité des juifs pendant l'épidémie de 1849, dit le docteur Wolf, médecin des indigents israélites appartenant aux synagogues espagnoles et portugaises, a vivement attiré l'attention du corps médical, et on a voulu l'expliquer par des particularités de leur régime (abstention ou usage très-modéré du vin et de la viande, consommation d'une quantité considérable d'huile d'olive, etc.). Toutes ces tentatives d'explication n'ont aucune valeur. En principe, la force de résistance contre les épidémies et contre le choléra en particulier est proportionnelle à la force vitale de l'individu, et cette force vitale est déterminée par le degré de bien-être et de tempérance qui lui est propre. Or le petit nombre de membres dont se compose, à Londres, la communauté juive, et l'esprit de charité qui anime les plus riches, permettent aux administrateurs des synagogues de venir efficacement en aide à leurs coreligionnaires dans le besoin. Il en résulte qu'on ne trouve pas, parmi les juifs, ces misères abjectes qui frappent les autres populations et les livrent sans défense aux épidémies. » (*Times*, 25 septembre 1853.)

L'auteur de la *Statistique du département de la Moselle* (1er vol., 1854) s'exprime ainsi qu'il suit sur l'immunité relative des juifs pendant l'épidémie de 1832: « Les israélites sont très-répandus sur une grande partie du département. Les caractères distinctifs de la race juive sont trop connus pour que nous les indiquions ici. Disons seulement que les individus de cette race qui n'ont point reçu l'impulsion civilisatrice, vivent encore dans un état d'incurie qui est loin d'être sans influence sur leur santé. C'est à eux surtout que peut s'appliquer ce que nous avancions à l'instant au sujet de la dégradation physique de la classe pauvre des villes, fâcheux résultat de la malpropreté jointe aux autres causes que nous avons indiquées:

misère et défaut de croisement. Hâtons-nous, toutefois, d'ajouter que ces tristes conditions tendent à diminuer chaque jour et que ces types de dégradation s'effacent sous l'accroissement du bien-être. Malgré ces *conditions essentiellement anti-hygiéniques,* nous allons voir que les juifs de Metz ont été notablement moins atteints par le choléra que le reste de la population.... On peut estimer que de 2,200 à 2,300 personnes ont été atteintes par l'épidémie, qui en a enlevé 802... Les israélites ont peu souffert, puisque, sur une population de 2,688 individus, on n'a guère compté que 40 cas environ, mais dont 24 ont été mortels. Il résulte de ces chiffres que l'on a compté, en 1832, 1 cas sur 18.46 habitants (distraction faite des juifs), et 1 décès sur 2.86 cas. Dans la population juive, il y a eu 1 cas sur 67 habitants seulement, mais, en revanche, 1 décès pour 1.70 cas.

Ainsi, voilà une ville où la communauté juive est dans les conditions les plus anti-hygiéniques et où cependant, contrairement à l'assertion du docteur Wolf, elle lutte plus efficacement que le reste de la population contre l'influence morbide qui l'entoure.

Une lettre du célèbre médecin hollandais Van Swinden au comte Balbi, ambassadeur de Sardaigne, du 5 août 1798, et que ce dernier a insérée dans une collection de mémoires imprimée en 1800, sous le titre *Saggi di arithmetica politica,* contient les renseignements ci-après sur certaines immunités des juifs allemands à Amsterdam. Après avoir fait remarquer que la variole les frappe en plus grand nombre que les chrétiens, probablement parce qu'ils ne pratiquent pas la vaccination, qui n'est encore en usage, dit-il, que dans les classes riches et instruites (parmi lesquelles les juifs allemands ne figurent pas), il ajoute ce qui suit :

« Les maladies putrides, au contraire, font très-peu de ravages chez les juifs allemands, bien qu'ils soient, pour la plupart, très-pauvres, crasseux et amoncelés les uns sur les autres dans leurs habitations, ce qui devrait naturellement aggraver toute maladie putride et même en augmenter le nombre. »

L'explication que le savant médecin donne de cette immunité, est assez curieuse.

« Les raisons pour lesquelles les juifs allemands en sont peu et peu dangereusement attaqués sont, que les lois de Moïse, qu'ils observent scrupuleusement, leur prescrivent une diète très-remarquable; que leur extrême pauvreté leur défend à peu près tout usage de viandes et leur impose en outre une sobriété très-rigoureuse; enfin qu'ils font un usage habituel et très-considérable de végétaux, comme concombres, etc., au vinaigre. Ils emploient donc par nécessité une *médecine préservatrice.* »

A nos yeux, ce qui rend plus remarquable le privilége des juifs allemands de n'être atteints qu'en petit nombre par les maladies les plus graves, c'est précisément le régime débilitant que leur attribue Van Swinden et qui d'ailleurs était la conséquence obligée de leur état d'indigence relative.

III. DE L'ALIÉNATION MENTALE ET DU SUICIDE CHEZ LES JUIFS.

Nous avons vu que les documents officiels sur le mouvement de l'état civil dans la population juive, sont très-rares. Ils le sont bien plus encore pour les phénomènes purement physiologiques qui leur sont propres. Aussi le champ des études dont ces phénomènes peuvent être l'objet, est-il nécessairement très-limité.

A l'occasion de recherches relatives à l'état de l'aliénation mentale dans les deux mondes (voir le *Journal de la Société de Statistique de Paris* de l'année 1863), nous avons été amené à interroger les documents officiels sur la question de savoir si la différence des cultes (qui, pour les juifs, se complique d'une question de race) exerce une influence quelconque sur la fréquence de cette maladie. Or, ils ont été unanimes à proclamer la remarquable tendance des juifs aux affections de l'intelligence.

En Bavière, en Hanovre, dans la Silésie prussienne et dans le Wurtemberg, des recensements spéciaux ont été opérés à diverses époques, qui ont mis en lumière, avec une remarquable constance, le fait de cette tendance.

En voici le résumé pour l'année la plus récente :

Pays	Nombre pour 1 aliéné de		
	catholiques.	protestants.	juifs
Bavière	908	967	514
Hanovre.	527	641	337
Silésie.	1,355	1,264	634
Wurtemberg	2,006	2,022	1,544

Ainsi, dans ces quatre pays[1], les juifs comptent un nombre de malades sensiblement plus élevé que les chrétiens. Faut-il voir, dans cette fréquence de l'aliénation chez eux, une influence de race, ou tout simplement la conséquence de ce fait qu'ils habitent tous les villes et exercent les professions les plus exposées aux crises économiques? Faut-il y voir, avec le docteur Martini, directeur du grand asile de Leubus, l'influence des mariages entre proches parents, très-nombreux, dit-il, parmi les israélites établis en Europe? Peut-être doit-on admettre la concurrence de ces trois causes dans la manifestation du phénomène.

Des aliénistes d'une grande autorité ont émis l'opinion que le suicide est, dans la plupart des cas, l'œuvre de l'aliénation mentale, soit que la maladie se soit déclarée subitement sous le coup d'une forte crise, d'un profond ébranlement moral, soit que, remontant à une date plus ou moins éloignée, elle ait atteint son apogée au moment de la perpétration de l'acte de destruction. Si cette opinion était fondée, nous devrions trouver un plus grand nombre de suicides parmi les juifs que parmi les chrétiens. Or, c'est précisément le contraire que constate la statistique officielle. Nous lui empruntons les documents ci-après (nombre de suicides pour 1 million d'habitants) :

Pays	Périodes d'observation	Protestants	Catholiques	Autres chrétiens	Juifs.
Prusse	1849-1855	159.9	49.6	130.8	46.4
Bavière.	1844-1856	135.4	49.1	»	105.9
Wurtemberg	1846-1860	113.5	77.9	»	65.6
Autriche	1852-1854, 1858-1859	79.5	51.3	54.0	20.7
Hongrie	1851-1854, 1858-1859	54.4	32.8	12.3	17.6
Transylvanie	1852-1854, 1858-1859	73.6	113.2	20.5	35.5

On voit que les juifs ont généralement moins de suicides, à population égale, que les protestants et les catholiques. C'est en Bavière que se rencontre la seule exception à cette observation, mais seulement en ce qui concerne les juifs et les catholiques. Ce n'est pas tout : lorsqu'on étudie, par province, la fréquence du suicide d'après les cultes, en Bavière, on trouve que, dans le palatinat du Rhin où réside le plus grand nombre des israélites bavarois, le suicide est plus rare chez

---

1. Le docteur Hubertz, dans une Statistique de l'aliénation en Danemark, qui serait fort remarquable si elle reposait sur des données en nombre suffisant, attribue 5 85 aliénés et idiots pour 1,000 habitants aux juifs et 3.34 seulement au reste de la population.

eux que parmi les catholiques. Il importe de remarquer, en outre, que les chiffres afférents à la Bavière, se rapportant à de petits nombres, n'ont pas la même valeur que les documents recueillis en Prusse, en Autriche et dans les provinces slaves de ce dernier État. Quelle peut être la cause de ce nouveau privilége, et cette fois dans l'ordre des faits moraux, de la race juive? un plus grand développement des sentiments religieux? une plus grande force morale, une plus grande aptitude à lutter contre les fortes épreuves de cette vie? un plus vif attachement pour la famille et le foyer domestique? Toutes les hypothèses sont permises.

IV. DES CAUSES DE LA VITALITÉ EXCEPTIONNELLE DES JUIFS.

Sauf en ce qui concerne l'aliénation mentale, que l'on peut considérer comme n'appartenant pas au groupe des maladies qui atteignent les organisations débiles ou fatiguées, et qui n'est pas rigoureusement une cause de mort, nous avons vu que tous les documents réunis par nos soins sont affirmatifs dans le sens d'une vitalité exceptionnelle des juifs. Comment expliquer ce phénomène? Dieterici, après en avoir démontré l'existence en Prusse, croit devoir l'attribuer à une plus grande tempérance, à une conduite plus réglée, à des mœurs plus pures. Nous avons vu que c'est également l'opinion des D‍‌rs Neufville, Glatter et Mayer. «Les cas d'ivresse, dit Dieterici, fréquents parmi les chrétiens, sont fort rares chez les juifs.» Cette régularité, cette discipline de la vie juive, cette plus grande domination de soi-même, semblent trouver leur confirmation, au moins indirecte, dans les statistiques criminelles de la Prusse qui signalent, chez les israélites, un moins grand nombre d'infractions à la loi pénale que chez les chrétiens, ainsi qu'il résulte des documents ci-après :

		1857.	1858	1861
Habitants pour 1 accusé.	Juifs	172	138	150
	Chrétiens .	111	117	129

«La moindre mortalité de la race juive, dit le docteur Glatter, ne peut s'expliquer, au moins complétement, par des circonstances spécifiques *biostatiques;* il faut surtout en chercher l'origine dans l'influence de race.»

«Les juifs, dit Burdach (*Physiologie*, t. V, p. 399), nous fournissent la preuve que la vie humaine acquiert plus de ténacité par la peine et les labeurs, pourvu que le travail ne soit pas de nature à briser le courage et à paralyser la spontanéité. La majorité, en effet, peut être considérée comme pauvre sur presque tous les points de l'Allemagne, et cependant leur mortalité est moindre que celle des chrétiens (1 décès sur 46 juifs et 1 sur 26 chrétiens à Breslau). La principale cause de cette différence est certainement dans ce fait que les israélites pauvres *ne prennent pas souci de leur misère, qui n'engourdit jamais leurs facultés.*»

Pour nous, sans nier l'influence de race (qui ne nous est pas démontrée toutefois[1]), nous chercherions volontiers les causes de l'immunité juive dans les faits ci-après :

1º Les juifs paraissent se marier à un âge moins avancé que les chrétiens. Ils bénéficient donc plus longtemps des salutaires influences du mariage, les statistiques officielles ayant démontré qu'à égalité d'âge, les mariés comptent un moindre nombre

---

1. Cette démonstration ne pourrait être faite que par des recherches sur la mortalité juive dans le pays d'origine, recherches qui leur attribueraient une mortalité sensiblement moindre que celle des diverses races européennes. Or, de pareilles recherches n'ont point encore eu lieu

de décès que les célibataires. D'un autre côté, on est autorisé à penser, d'après les habitudes de prudence, de réserve, de circonspection, qui les caractérisent dans les actes les plus importants de la vie civile, qu'ils ne se marient guère que lorsqu'ils peuvent faire face aux exigences de leur nouvelle situation. Ils comptent donc beaucoup moins de ces unions irréfléchies, prématurées, qui sont également funestes pour le bien-être matériel des époux et des enfants.

2° La fécondité des mariages est moindre chez eux que chez les chrétiens. Ils conservent ainsi beaucoup mieux leurs enfants.

3° Le juif n'exerce aucune profession qui exige un travail pénible. Il n'est ni ouvrier agricole ou industriel, ni marin, ni mineur. Il est avant tout marchand, négociant, banquier, artiste, savant, homme de lettres, fonctionnaire public.

4° La loi religieuse mosaïque contient des prescriptions purement hygiéniques, qui ne peuvent qu'exercer une influence favorable sur la santé[1].

5° Le sentiment de la famille est plus développé chez le juif que chez le chrétien. Ce n'est qu'en cas d'impossibilité absolue, et sans distinction de rang, que la femme juive n'allaite pas son enfant. Ce dernier est, d'ailleurs, ainsi que l'ont constaté les Drs Glatter et Mayer, l'objet des soins les plus minutieux. Il est vrai que le respect et le dévouement des enfants israélites pour leurs parents, surtout pour les parents âgés et infirmes, sont en rapport avec la touchante sollicitude dont ils ont été constamment l'objet.

6° La sobriété des juifs est incontestable.

7° La communauté juive est animée, pour tous ses membres, d'un grand esprit de charité. A la Pâque notamment, les riches font, encore aujourd'hui, d'abondantes distributions de pain aux indigents (pain azyme).

8° Le juif religieux se fait remarquer par une grande sérénité d'esprit ; il a une foi profonde dans la Providence et dans les hautes destinées de sa race. La fermeté, la *perennité* du caractère juif se reflète assez exactement dans sa foi religieuse, restée immuable depuis 6,000 ans.

9° La moralité du juif, au point de vue de l'observation de la loi pénale, paraît être réelle, et, dans ce cas, elle serait l'indice d'une vie régulière, dont l'influence sur la durée de la vie est incontestable. Peu importe, d'ailleurs, que cette moralité soit *principielle*, c'est-à-dire qu'elle ait sa source dans le sentiment religieux ou philosophique, ou qu'elle résulte de la nécessité, pour les minorités, religieuses ou autres, de se surveiller étroitement en face de majorités hostiles.

---

1 Les juifs ne doivent manger que de la viande qui a été saignée vivante. (Aux abattoirs de Paris il existe des compartiments pour l'abattage du bétail destiné aux juifs ; l'animal y est égorgé à l'aide d'un instrument entièrement tranchant qui, en deux fois, atteint jusqu'aux deux tiers de la profondeur du col.) L'abatteur ou le boucher doit ensuite retirer des muscles les parties blanches dites nerveuses ou filamenteuses. La viande, à la suite de cette première préparation, n'est mise à cuire qu'après avoir été placée, pendant une heure, dans de l'eau salée, puis essuyée soigneusement.

Il leur est interdit de manger : 1° le gibier de plume et de poil (considéré comme très-excitant, très-aphrodisiaque), 2° la viande des deux quartiers de derrière du bœuf, du veau et du mouton (peut-être parce que les tendons ou parties filamenteuses ne peuvent en être extraites), 3° la viande de porc, généralement très-indigeste et insalubre, surtout en été.

Le juif doit se laver trois fois les mains et le visage avant de manger.

La circoncision est également prescrite à titre de mesure hygiénique

Mentionnons enfin l'interdiction absolue des rapports sexuels pendant la durée des menstrues

Strasbourg, imprimerie de Vve Berger-Levrault